essentials

Pablo Peyrolón

Einführung in den Devisenmarkt Forex

So entstehen Wechselkurse

Springer Gabler

Pablo Peyrolón
FH Wien für Management und
Kommunikation (WKO)
Wien, Österreich

ISSN 2197-6708 ISSN 2197-6716 (electronic)
essentials
ISBN 978-3-658-27633-1 ISBN 978-3-658-27634-8 (eBook)
https://doi.org/10.1007/978-3-658-27634-8

Die Deutsche Nationalbibliothek verzeichnet diese Publikation in der Deutschen Nationalbibliografie; detaillierte bibliografische Daten sind im Internet über http://dnb.d-nb.de abrufbar.

Springer Gabler ist ein Imprint der eingetragenen Gesellschaft Springer Fachmedien Wiesbaden GmbH und ist ein Teil von Springer Nature.
Die Anschrift der Gesellschaft ist: Abraham-Lincoln-Str. 46, 65189 Wiesbaden, Germany

Was Sie in diesem *essentials* finden können

- Die Teilnehmer an dem Forex
- Währungen, Wechselkurse und internationale ökonomische Beziehungen
- Graphische Darstellung des Devisenmarkts
- Was beeinflusst die Wechselkurse?
- Ökonomische Theorien zur Prognose von Wechselkursen

Eine Investition in Wissen bringt noch immer die besten Zinsen.
Benjamin Franklin

*Für Patricia (Neuling) und Andrés
(Experte), vielen Dank für alles!*

Inhaltsverzeichnis

Einführung: Was ist der Devisenmarkt?

*Eine Investition in Wissen bringt noch immer
die besten Zinsen.*

Benjamin Franklin

Beginnen wir mit einer Warnung: „Drei Dinge können den Menschen in den Wahnsinn treiben: die Liebe, der Ehrgeiz und die Beschäftigung mit Währungsfragen.“[1]

1.1 Was ist der Devisenmarkt?

Der Devisenmarkt ist ein mächtiger und einflussreicher Finanzmarkt, der in den letzten Jahren wegen verschiedener Währungskrisen häufig für internationale Schlagzeilen sorgte. Da gab es die Krise der türkischen Lira (2018), des venezolanischen Bolivar (2008, 2018) oder des argentinischen Peso (2017–2018). Aber auch sogenannte „starke“ Währungen, wie der Schweizer Franken (2015, sogenannter „Franken Schock“) oder der US-Dollar (15. Juli 2008, $ 16.083 pro € 1, „Weltbank prophezeit Ende der Dollar-Herrschaft“[2]) gerieten heftig unter Druck. Bekannter ist der Devisenmarkt unter dem Namen Forex (engl.: *Foreign Exchange Market*).

▶ **Devisenmarkt** Markt für den Handel mit unterschiedlichen Währungen, auf dem sich Devisenangebot und Devisennachfrage treffen.

---

[1]Dieser Satz stammt aus der Frankfurter Allgemeiner Zeitung im Anschluss an eine Tagung des Internationalen Währungsfonds 1972.

[2]https://www.spiegel.de/wirtschaft/soziales/waehrungswettstreit-weltbank-prophezeit-ende-der-dollar-herrschaft-a-763238.html (abgerufen am 02.04.2019).

© Springer Fachmedien Wiesbaden GmbH, ein Teil von Springer Nature 2019 1
P. Peyrolón, *Einführung in den Devisenmarkt Forex,* essentials,
https://doi.org/10.1007/978-3-658-27634-8_1

Betrachten wir diese Definition genauer:

- Der Devisenmarkt ist ein Finanzmarkt. Dieser unterteilt sich im Wesentlichen in drei Märkte: Geldmarkt, Kapitalmarkt und Devisenmarkt. Im Geldmarkt werden Kredite ausgehandelt; der Kapitalmarkt bietet Investitionsmöglichkeiten in Aktien; im Devisenmarkt treffen die jeweiligen Währungen der Länder aufeinander.
- Die „Ware" die „gekauft" und „verkauft" wird, sind Devisen, also Fremdwährungen. Devisen haben keine physische Existenz. Sie erscheinen als Auslandsüberweisungen oder Guthaben in einer Fremdwährung auf einem Konto, besitzen also eine rein elektronische Existenz. Devisen werden auf Konten umgebucht (Buchgeld). (Die Münzen und Banknoten ausländischer Währung werden als Valuten bezeichnet.)
- Der „Preis", zu dem die Devisen gehandelt werden, ist der Wechselkurs. Dieser besagt, wie viel Währung wir brauchen, um diese gegen eine andere Währung zu tauschen (Näheres dazu unten).
- Angebot und Nachfrage treffen aufeinander. Die verschiedenen Teilnehmer im Devisenmarkt kaufen und verkaufen, um bestimmte wirtschaftliche und finanzielle Bedürfnisse zu befriedigen (am Ende dieses Kapitels werden wir die Teilnehmer am Devisenmarkt detaillierter betrachten).
- Die wichtigsten Eigenschaften des Forex im Vergleich zu den anderen Finanzmärkten sind:
  1. Höchstes Volumen aller Finanzmärkte.
  2. 24 h offen.
  3. OTC-Markt.

1. Höchstes Volumen aller Finanzmärkte

Der Devisenmarkt ist, in Volumen gemessen, der größte und am aktivsten gehandelte Finanzmarkt der Welt. Durchschnittlich werden täglich mehr als 5000 Mrd. US$ gehandelt (5 hoch 12 oder eine 5 gefolgt von 12 Nullen):

5.000.000.000.000

Eine Zahl, die man sich sehr schwer vorstellen kann (zum Vergleich: In der Milchstraße, unserer Heimatgalaxie, gibt es „nur" zwischen 100 und 300 Mrd. Sterne.)

▶ **Was bedeutet das in Volumen gemessen?** Das Volumen ist das Geld, das an einem Tag an einem Finanzplatz die Hände wechselt.

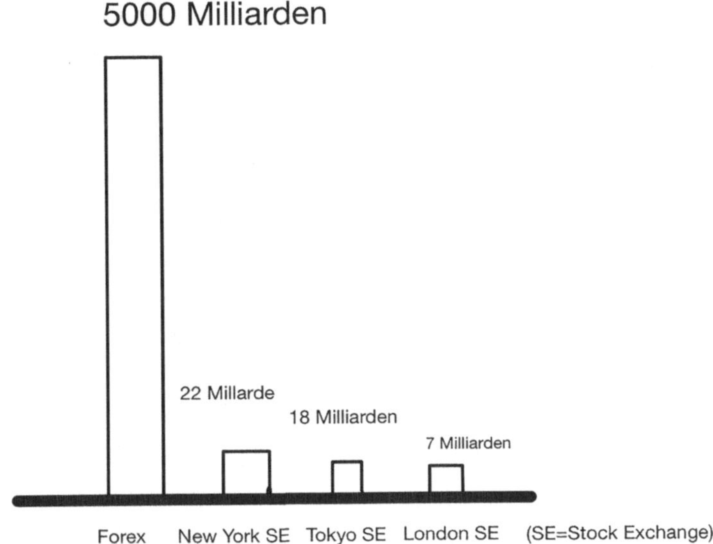

Abb. 1.1 Forex tägliches durchschnittliches Volumen vs. Börse tägliches durchschnittliches Volumen. (Quelle: Nasdaq und Bank für Internationalen Zahlungsausgleich, eigene Darstellung)

In Abb. 1.1 vergleichen wir das Volumen der größten Börsen der Welt mit dem Volumen des Devisenhandels. Dieses Volumen übersteigt das weltweite Handelsvolumen für Aktien um das 25-Fache.

Der gewaltige Umfang der gehandelten Menge an Geld im Devisenmarkt erklärt den mächtigen Einfluss, den der Forex auf die anderen Finanzmärkte, die reale Wirtschaft und die Politik hat.

2. *24 h offen*
Der Devisenmarkt ist 24 h an fünf Tagen in der Woche offen (siehe Abb. 1.2). Der Handel beginnt am Sonntag, 23.00 Uhr Mitteleuropäischer Zeit (Start des Handels in Australien) und endet am Freitag, 23.00 Uhr Mitteleuropäischer Zeit (Ende des Handels in den USA).

3. *OTC-Markt*
Der Forex ist ein OTC-Markt. OTC steht für *Over the Counter Market,* weil hier kein eigener geografischer Marktplatz wie bei den Börsen (New York, Frankfurt, London usw.) existiert. Er funktioniert ausschließlich elektronisch: Der

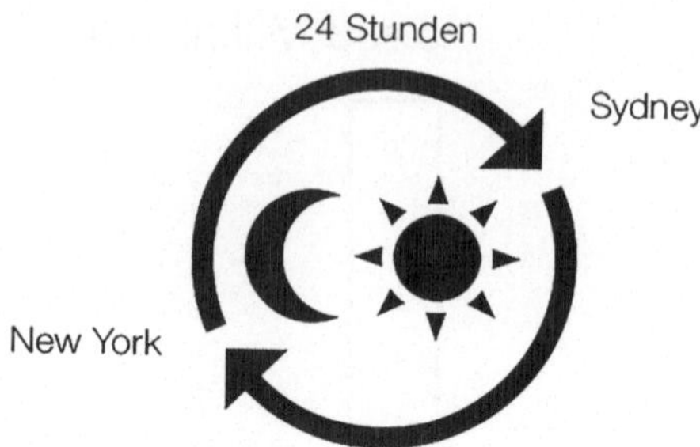

Abb. 1.2 24-h-Trading-Weltkarte Forex. (Quelle: eigene Darstellung)

Devisenhandel erfolgt um die ganze Welt über die Netze der Händler (Banken und Broker); alle Transaktionen werden online abgewickelt. Die wichtigsten Devisen-Handelszentren sind London, New York und Tokio. Höchstwahrscheinlich wird Frankfurt nach dem Brexit den Platz von London übernehmen.

1.2 Wechselkurse und Währungen

Wir haben täglich mit Währungen zu tun. Ob im Urlaub in der Türkei (türkische Lira), in Argentinien (argentinischer Peso) oder Vietnam (vietnamesischer Dong): Auf all diesen Reisen müssen Sie die nationale Währung kaufen, um bezahlen zu können. Vieles von dem, was Sie kaufen (zum Beispiel Importe Ihres Landes) mussten mit ausländischem Geld bezahlt werden, also mit Währungen. Um diese Zahlungen zu tätigen, musste der Importeur zunächst seine Euros in die ausländische Währung tauschen (z. B. in US-Dollar). Dieser Währungsumtausch findet, direkt oder indirekt (durch die Bank, bei der der Importeur Kunde ist), im Devisenmarkt statt. Der „Preis", den der Importeur für US-Dollar (USD) zahlt, ist der Wechselkurs.

▶ **Wechselkurs** Der nominale Wechselkurs ist der Preis einer Währung in Einheiten einer anderen Währung.

Die Währungen werden in Paaren gehandelt (die wichtigsten Währungspaare zeigt Tab. 1.1). So finden sich in einem Forex-Terminal EUR/USD, USD/CHF (Schweizer Franken) oder USD/GBP (Britisches Pfund). Der EUR/USD ist der Wechselkurs des Euro und des US-Dollar (siehe Abb. 1.3), in diesem Fall benötigt man 1,1234 US$ für den Kauf von 1 EUR.

Tab. 1.1 Die wichtigsten Währungspaare. (Quelle: Bank für Internationalen Zahlungsausgleich)

Rang	Währungspaar	ISO Codes
1	US-Dollar – Euro	USD – EUR
2	US-Dollar – Japanischer Yen	USD – JPY
3	US-Dollar – Britisches Pfund	USD – GBP
4	US-Dollar – Australischer Dollar	USD – AUD
5	US-Dollar – Kanadischer Dollar	USD – CAD
6	US-Dollar – Schweizer Franken	USD – CHF
7	Euro – Japanischer Yen	EUR – JPY
8	Euro – Britisches Pfund	EUR – GBP
9	US-Dollar – Hongkong Dollar	USD – HKD
10	Euro – Schweizer Franken	EUR – CHF

Abb. 1.3 Wechselkurs EUR/USD. (Quelle: eigene Darstellung)

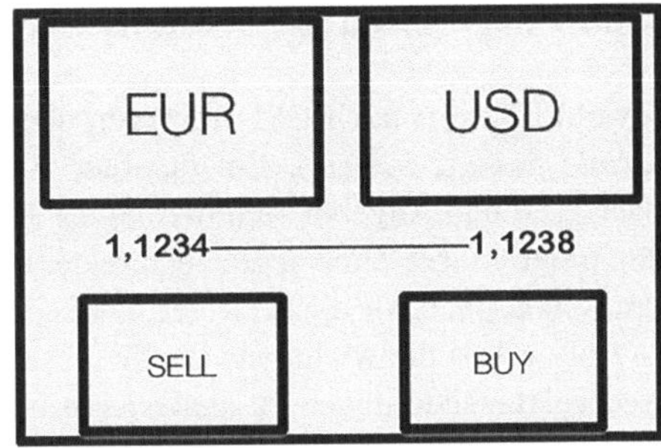

▶ **Was besagt diese Grafik (Abb. 1.3)?**
  1. Das Währungspaar, das gehandelt wird (EUR – USD)
  2. Die Wechselkurse („die Preise"):
     a) *Sell:* Man verkauft die Währung, die links steht (EUR). Der Preis ist der sogenannte *Bid* („Geldkurs"). Dies ist der höchste Preis, den eine Bank oder ein Broker zahlen würde.
     b) *Buy:* Man kauft die Währung, die links steht (EUR). Der Preis ist der sogenannte *Ask* („Briefkurs"). Dies ist der Verkaufspreis, den eine Bank oder ein Broker anbietet.
     c) *Spread:* Das ist die Differenz zwischen *Bid* und *Ask,* die Kommission, die man dem Broker für seine Dienstleistung zahlen muss.

Mehr als 70 % aller Devisengeschäfte betreffen den US-Dollar als Währungspaar. *Majors* sind dabei die Hauptwährungspaare. *Minors* sind Währungen, die ein Paar mit dem USD bilden, aber eher illiquide sind (dies bedeutet, dass sie wenig gehandelt werden). *Crosses* sind Währungspaare ohne den USD (z. B. Euro und Japanischer Yen). Zuletzt gibt es *Exotics* (z. B. Tenge aus Kasachstan). Der Devisenmarkt ist ein sehr riskanter Finanzmarkt. Sollten Sie dennoch investieren, ist es ratsam, sich auf *Majors* zu fokussieren (und einige der *Crosses*). Drei Argumente sprechen für *Majors*:

- *Majors* sind Währungspaare aus den größten Volkswirtschaften der Welt.
- Diese Volkswirtschaften zeichnen sich durch politische und ökonomische Stabilität aus.
- Sie zahlen niedrige Zinsen auf ihre Staatsanleihen aufgrund ihrer niedrigen Wahrscheinlichkeit, zahlungsunfähig zu werden. (Der Zinssatz der Europäischen Zentralbank beträgt 0 %, derjenige der Türkei 24 %, was besagt, dass die Türkische Lira zurzeit eine riskante Währung ist)[3].

Sowohl EUR als auch USD verfügen über flexible Wechselkurse (*free float* oder *flexible floating system*). Ein flexibler Wechselkurs wird vom Markt bestimmt, Nachfrage und Angebot sind hierbei die Kräfte, die den Wechselkurs bestimmen. Ein freier Markt ohne jegliche direkte Intervention seitens der Zentralbanken. Grafisch können wir diesen freien Markt so darstellen (siehe Abb. 1.4).

Abb. 1.4 ist die wichtigste Grafik dieses *essentials*. Wir werden sie nutzen, um Wechselkursänderungen zu analysieren und zu prognostizieren. Auf der vertikalen Axis liegt der Wechselkurs in USD pro EUR, also der „Preis" in Dollar für 1 EUR. Auf der horizontalen Axis liegt der Betrag in Euro, der angeboten und nachgefragt wird. Die fallende Kurve von links nach rechts markiert die Nachfrage nach Euro (da wir uns im amerikanischen Markt von Euro befinden, stammt diese Nachfrage also von Marktteilnehmern in den USA). Wie bei jedem anderen Markt gilt: Je kleiner der Preis, also je weniger Dollar pro Euro, desto größer die Nachfrage. Daher ist die Nachfragekurve eine fallende.

Die steigende Kurve von links nach rechts markiert das Angebot in Euro (die Marktteilnehmer der Eurozone sind hier diejenigen, die den Euro anbieten). Hier gilt das Gegenteil der Nachfragenkurve: Je höher der Preis (mehr US-Dollar pro Euro), desto größer die angebotene Menge in Euro.

---

[3]Stand Juni 2019.

Abb. 1.4 EUR-Markt in der USA. (Quelle: eigene Darstellung)

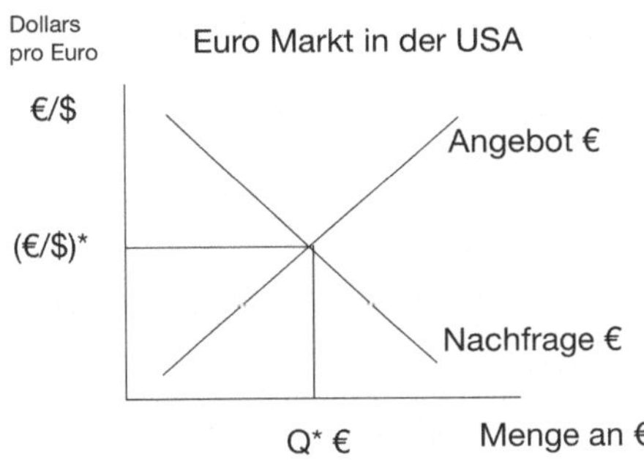

Wo sich Angebots- und Nachfragekurve kreuzen, liegt ein Gleichgewicht vor: der Gleichgewichtswechselkurs (€/$)* und die Gleichgewichtsmenge Q*€. Das Gleichgewicht besagt, wie viele EUR und USD zu welchem Wechselkurs in diesem Moment gehandelt werden. Doch dies ist nur der Anfang. In Kap. 2 werden wir die Tatsache betrachten, dass sich die Angebots- und Nachfragekurve verschieben können, was uns zu einem neuen Gleichgewicht und zu einem neuen Wechselkurs führt.

▶ **Wichtig**
Der Wechselkurs kann auf zwei verschiedene Arten ausgedrückt werden:
1. Mengennotierung *(indirect quotation)*,
2. Preisnotierung *(direct quotation)*

1. Mengennotierung
Der Wechselkurs gibt an, wie viele Einheiten der ausländischen Währung man benötigt, um eine Einheit der heimischen Währung zu kaufen.

$$\text{Mengennotierung} = \frac{\text{Eineheiten ausländischer Währung}}{\text{Eine Einheit inländische Währung}} \tag{1.1}$$

$$\text{z. B.} \frac{\$1{,}12}{€1}$$

Zum Beispiel hatte man am 7. Juni 2019 etwa 1,12 $ pro 1 EUR aufzubringen. In diesem Fall (Mengennotierung) bedeutet ein Anstieg des nominalen Wechselkurses, dass die inländische Währung, also in diesem Fall der Euro, an Wert gewonnen hat, es handelt sich um eine Aufwertung.

2. *Preisnotierung (direct quotation)*
Der Wechselkurs gibt an, wie viele Einheiten inländischer Währung einer Einheit
der ausländischen Währung entspricht.

$$\text{Preisnotierung} = \frac{\text{Einheiten inländischer Währung}}{\text{Eine Einheit ausländische Währung}} \tag{1.2}$$

$$\text{z. B.} \frac{€0{,}8929}{\$1} \text{ entspricht } \frac{1}{1,12}$$

Da wir zum Beispiel am 7. Juni 2019 einen Wechselkurs von 1,12 \$ pro 1 EUR
verzeichneten, können wir auch angeben: 0,89 EUR pro Dollar (1 dividiert durch
1,12; die Preisnotierung ist lediglich der Kehrwert der Mengennotierung) und
hätten somit die Preisnotierung ermittelt. In diesem Fall bedeutet ein Anstieg des
Wechselkurses eine Abwertung der inländischen Währung, in diesem Fall des
Euro.

▶ **Aufwertung (der inländischen Währung)** Anstieg des Wertes der
inländischen Währung (was gleichbedeutend mit einer Abwertung der ausländischen Währung ist). (Aufwertung = „Preis" der Währung steigt).

Eine Wechselkursveränderung von $\dfrac{1{,}5}{€1}$ auf $\dfrac{1{,}9}{€1}$ ist eine Aufwertung des Euros,

da man jetzt mehr USD für einen EUR bekommt.

▶ **Abwertung (der inländischen Währung)** Sinken des Wertes der
inländischen Währung (was gleichbedeutend mit einer Aufwertung der ausländischen Währung ist). (Abwertung = „Preis" der Währung sinkt).

Eine Wechselkurs veränderung von $\dfrac{1{,}5}{€1}$ auf $\dfrac{1{,}1}{€1}$ ist eine Abwertung des Euros,

weil man jetzt weniger USD für einen EUR bekommt.

Das heißt, eine Veränderung des Wechselkurses führt immer zur Aufwertung der
einen Währung und gleichzeitig zur Abwertung der anderen Währung.

▶　　**Wichtig** In diesem Buch werden wir die Mengennotierung ver-
wenden, also ausländische Währungseinheiten pro Einheit der
inländischen Währung aus der Perspektive der Eurozone (also Euro als
inländische Währung).

Darüber hinaus können wir von zwei Wechselkursarten sprechen: *Spot Exchange Rate* und *Forward* Wechselkurs:

- Der Terminkurs *(Forward Rate)* ist der Wechselkurs, normalerweise für den internationalen Handel, welcher heute vereinbart wird für einen fixen Termin in der Zukunft.
- Der Kassakurs *(Spot* oder *Spot Exchange Rate)* ist der Wechselkurs für Geschäfte, die unmittelbar durchgeführt werden (die Lieferfristen liegen in der Regel innerhalb von zwei Tagen).

1.3   Wechselkurssysteme

Bislang haben wir nur von einem Währungspaar (EUR – USD) gesprochen, das vollkommen flexibel ist. Doch es gibt verschiedene Wechselkurssysteme, und jedes Land entscheidet, welches es für seine Währung übernimmt. Die grundlegende Unterscheidung besteht zwischen Systemen flexibler und fixer Wechselkurse. Flexibel steht für „freie" und fix für „feste" Wechselkurse. Zwischen den beiden Extremen (vollkommen fix und vollkommen flexibel) bestehen verschieden Wechselkurssysteme, in denen die Wechselkurse fix, aber anpassungsfähig sind (siehe Abb. 1.5).

Der vollkommen flexible Wechselkurs ergibt sich durch Angebot und Nachfrage der Währung im Devisenmarkt ohne jegliche Intervention der Zentralbank. Der Wechselkurs des Währungspaares USD – CHF (US-Dollar/Schweizer Franken) wird im Forex nur durch die Kräfte von Angebot und Nachfrage bestimmt.

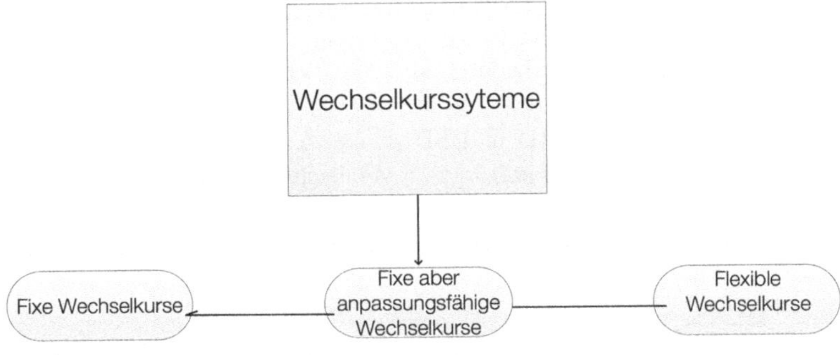

Abb. 1.5 Wechselkursysteme. (Quelle: eigene Darstellung)

Bei nicht vollkommen flexiblen Wechselkursen setzt die Zentralbank einen Wechselkurs fest oder sie interveniert direkt in den Devisenmarkt. (Wir werden uns in diesem *essential* auf die flexiblen Wechselkurse konzentrieren).

Zwischen den beiden Extremen, den komplett flexiblen und den komplett fixen Wechselkursen gibt es zahlreiche Zwischenformen, die oft *Managed Floating Systems* genannt werden.

Wie kann eine Regierung bzw. eine Zentralbank den Wechselkurs festlegen?
Nicht nur der Markt kann den Wechselkurs einer Währung bestimmen. Auch die Zentralbank kann sich für einen festen (stabilen) Wechselkurs entscheiden. Bei kleinen Ländern ist es üblich, dass sie ihre Währung an die eines großen Landes binden (normalerweise US-Dollar), z. B. Belize, Panamá, Eritrea, Cuba. Aber auch einige große Länder wie China binden ihre Währung, den chinesischen Yuan, an den US-Dollar. Normalerweise besitzt ein fixes Währungsregime ein Dach *(ceiling)* und einen Boden *(floor)*, die Interventionspunkte genannt werden. Sollte sich der Wechselkurs über oder unter diesen Grenzen bewegen, dann würde die Zentralbank intervenieren, um den Wechselkurs wieder zwischen die Grenzen zu bringen.

Bislang haben wir über Wechselkurse gesprochen, also *Exchange Rates,* aber es besteht ein zusätzliches Konzept, das wir kennen müssen: die *Cross Rates.*

Währungen werden, wie wir gesehen haben, in Paaren gehandelt. Würde man alle Währungspaare handeln, hätten wir 13.000 Währungspaare. Mit nur 15 Währungen haben wir bereits 105 mögliche Währungspaare[4]. Die meisten Währungen werden jedoch mit dem US-Dollar oder mit dem Euro quotiert. Anhand dieser mit dem US-Dollar oder dem Euro gekoppelten Währungspaaren lassen sich die Wechselkurse anderer Währungspaare berechnen. Diese Wechselkurse, die sich aus anderen Wechselkursen ergeben, nennt man im Fachjargon *Cross Rates.* Das Konzept wird deutlicher durch ein Beispiel: Der *Cross-Rate*-Wechselkurs zwischen dem Kanadischen Dollar (CAD) und dem Britischen Pfund (GBP) lässt sich aus den Paaren CAD – USD und USD – GBP ermitteln:

1. Zuerst tauschen wir 1 CAD in USD, wobei CAD – USD $=0{,}74$ (aktueller Wechselkurs); 1 CAD wird in 0,74 US\$ getauscht.
2. Im zweiten Schritt rechnen wir 0,74 US\$ in GBP mit dem aktuellen Wechselkurs USD – GBP $=1{,}26$ (1,26 US\$ für 1 GBP) um

---

[4]Das sind Kombination zweier Währungen aus 15 verschiedenen Währungen. Sie werden mit dem Binomialkoeffizienten errechnet.

3. Da 1 CAD = 0,74 US\$ und 1,26 US\$ = 1 GBP, müssen wir nur noch 0,74 mit 1,26 multiplizieren und erhalten 1,70 CAD pro 1 GBP als *Cross Rate*.

Zusammengefasst:

$$\frac{CAD1}{USD0,74} \times \frac{USD1,26}{GBP1} = \frac{CAD1,70}{GBP1}$$

1.4 Wer sind die Teilnehmer (oder Spieler) des Devisenmarkts?

Um die Veränderungen der Wechselkurse zu verstehen, muss man um die Teilnehmer des Devisenmarkts, seine Mitspieler, wissen. Diese verfolgen oft unterschiedliche Interessen, welche zur Aufwertung oder Abwertung einer Währung führen können. Für wen also sind Währungen und der Devisenmarkt relevant?

1. Banken: Internationale Banken haben internationale Kunden, die Bedarf an verschiedenen Währungen haben. Auch internationale Kredite spielen eine große Rolle im Devisenmarkt, da viele Kreditnehmer Kredite in einer günstigeren Währung aufnehmen (z. B. der Frankenschock beim Schweizer Franken und die Kreditkrise). Spekulation gehört, offiziell, nicht zu den Aktivitäten der Banken im Devisenmarkt, aber nur offiziell. Wichtige Spieler sind Deutsche Bank, UBS, HSBC, Citibank oder JP Morgan. Bei hohen Beträgen machen normalerweise die kommerziellen Banken das Geschäft unter sich. Bei kleineren Beträgen nutzen sie auch die Intermediation der Forex Broker.

2. Notenbank (Zentralbank): Die Notenbanken halten Reserven internationaler Währungen. Bei nicht vollkommen flexiblen Wechselkursen ist die Intervention der Zentralbank notwendig, um Schwankungen des Wechselkurses immer wieder zu korrigieren.

3. Devisenbroker *(Exchange Brokers)*. Broker treten als Vermittler auf und bringen Käufer und Verkäufer gegen eine Gebühr *(spread)* zusammen. Dank der Expansion des Internets in Kombination mit dem Broker kann auch der kleine Anleger am Devisenmarkt teilnehmen (siehe unten).

4. Spekulanten: Wie bei jedem anderen Markt kann man auch im Devisenmarkt spekulieren. Zum Beispiel kauft man eine Währung, von der man glaubt, dass sie in der nächsten Zukunft aufgewertet wird, und verkauft sie, wenn dies tatsächlich passiert (in Kap. 2 werden wir sehen, wie eine spekulative Attacke funktioniert).

5. Internationale Unternehmen sind auf den Forex angewiesen, um ihre Geschäfte durchführen zu können. Die internationalen Handelsbeziehungen sind die Grundlage des Devisenhandels. Internationale Unternehmen besitzen Niederlassungen in verschiedenen Ländern, deswegen müssen sie sich gegen mögliche Währungskrisen schützen, d. h. gegen das Risiko, beim Handel mit ausländischen Währungen ihre Gewinne zu minimieren.

6. Seit Beginn der Internet-Ära kann auch der kleine Investor im Forex mitspielen. Es gibt unzählige Forex-Broker, die Apps für Smartphone und Tablet anbieten, um es dem kleinen Investor so leicht wie möglich zu machen, im Forex zu spekulieren. Warum bemühen sich die Forex-Brokers so stark um den kleinen Spekulanten? Wir beantworten diese Frage im zweiten Kapitel.

Einflussfaktoren auf Wechselkurse

2

Eine Warnung

Wenn Sie ein Konto bei einem Forex-Broker eröffnen, um mit Devisen zu spekulieren, werden Sie vom Broker eine E-Mail mit diesem Satz erhalten: „**73.62 % of retail client investors lose money when trading CFDs with this provider.**" Broker sind gesetzlich verpflichtet, ihre Klienten über diese Tatsache zu informieren.

Trotz der Komplexität der Wechselkursänderungen kann man eindeutig sagen, dass sich die Wechselkurse aufgrund von Veränderungen des Angebots und der Nachfrage nach einer Währung bewegen. (Das gilt natürlich nur für flexible Wechselkurse, wie in Kap. 1 gezeigt wurde). Jetzt müssen wir nur noch fragen: Welche Faktoren verändern die Nachfrage und das Angebot einer Währung? (Abb. 2.1).

Jeder Markt funktioniert über das Zusammenspiel von Angebot und Nachfrage, die in einer einfachen Grafik dargestellt werden (Abb. 2.1, wie in Kap. 1 detailliert gezeigt wurde). Wo sich Angebot und Nachfrage kreuzen, entsteht ein Gleichgewicht im Markt: Q*€ ist die Gleichgewichtsmenge, die verkauft und gekauft wird. (€/$)* ist der Gleichgewichtspreis (in diesem Fall der Gleichgewichtswechselkurs).

Wie bei jeder Ware gilt auch für Währungen:

- Je größer die Nachfrage oder je geringer das Angebot einer Währung ist, desto mehr Wert gewinnt diese (Aufwertung) gegen andere Währungen (sie wird „teurer"; Abb. 2.2a).
- Je geringer die Nachfrage oder je größer das Angebot einer Währung ist, desto mehr Wert verliert diese (Abwertung) gegenüber anderen Währungen (sie wird „günstiger"; Abb. 2.2b).

© Springer Fachmedien Wiesbaden GmbH, ein Teil von Springer Nature 2019   13
P. Peyrolón, *Einführung in den Devisenmarkt Forex,* essentials,
https://doi.org/10.1007/978-3-658-27634-8_2

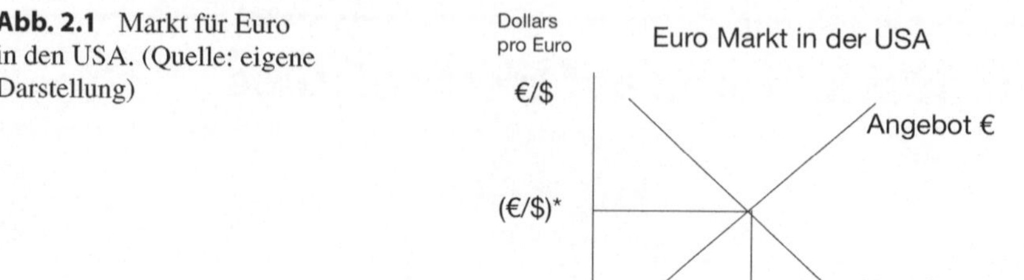

Abb. 2.1 Markt für Euro in den USA. (Quelle: eigene Darstellung)

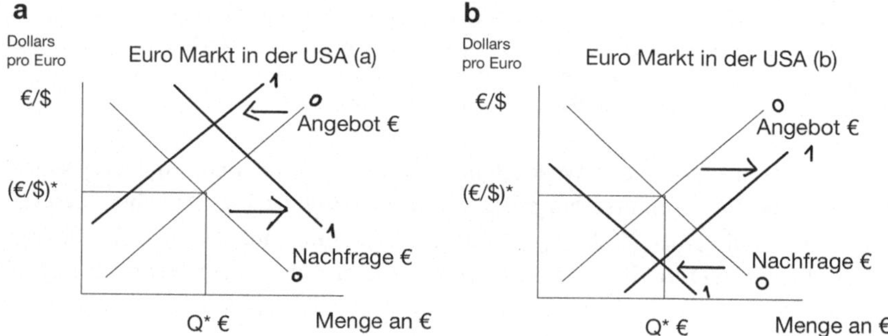

Abb. 2.2 a und b Verschiebungen der Nachfrage- und der Angebotskurve. (Quelle: eigene Darstellung)

Was sind die Einflussfaktoren?

Die Einflussfaktoren auf die Nachfrage und das Angebot der Währungen – Faktoren, welche die Nachfrage- oder die Angebotskurve verschieben (Abb. 2.3), sodass ein neues Gleichgewicht, somit ein neuer Preis, also ein neuer Wechselkurs entsteht – sind:

1. Was international gehandelt wird, zeigt die Präferenzen der Konsumenten.
2. Zinsen (Vergleich von inländischen und ausländischen Zinsen)
3. Preisniveau (bzw. Inflation in den verschiedenen Ländern)
4. Spekulation
5. Nationales Einkommen (bzw. BIP, Vergleich der Wachstumsraten im In- und Ausland)

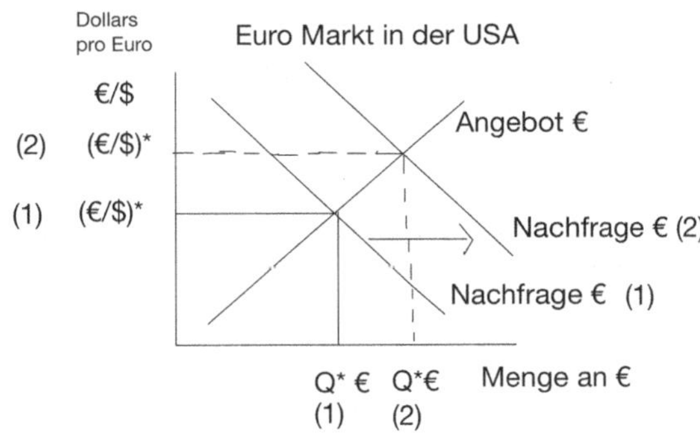

Abb. 2.3 Verschiebung der Nachfragekurve. (Quelle: eigene Darstellung)

6. Politische Faktoren (Stabilität bzw. Instabilität)
7. Entdeckung von Ressourcen

Allein mit diesen sieben Faktoren kann man viele Bewegungen der Wechselkurse erklären und prognostizieren. Wichtig beim Forex ist der Unterschied zwischen kurz- und langfristigen Prognosen. Kurzfristige Bewegungen sind unberechenbar: Minuten, Stunden, ein Tag, eine Woche gleichen oft einem Casino-Spiel[1].

Ceteris Paribus
Für die Analyse von Systemen mit verschieden Variablen (die oben genannten Faktoren) benutzt man in den Wirtschaftswissenschaften die sogenannte „Ceteris Paribus"-Klausel (engl.: *all other things being equal*).

Dies bedeutet, dass in dem System nur eine Variable, zum Beispiel die Zinsen, verändert wird und die Auswirkungen der Veränderung auf das ganze System zu beobachten sind (z. B. interessiert uns, wie sich Veränderungen der Zinsen auf den Wechselkurs auswirken), während alle andere Variablen konstant gehalten werden.

Zur Analyse der Einflussfaktoren auf die Wechselkursänderungen werden wir immer wieder „Ceteris Paribus" anwenden *(all other things being equal)*.

Wenn wir z. B. den Effekt einer Erhöhung der Zinsen und des Einkommens auf den Wechselkurs analysieren wollen, haben wir das Problem, dass wir

---

[1]Es gibt einige weitere Faktoren wie z. B. das Geldangebot oder die Kapitalbewegungen. Diese zu erläutern würde den Rahmen dieses *essentials* überschreiten.

nicht wissen, ob die Wechselkursveränderung von den Zinsen und/oder vom Einkommen verursacht wird. Deswegen sollte man nur eine Variable verändern, *all other things being equal.*

2.1 Präferenzen (internationaler Handel)

Was uns hier interessiert, sind die Präferenzen der Konsumenten, also die Nachfragekurve. Nehmen wir an, die Auto-Präferenzen der US-Amerikaner ändern sich, sodass die Nachfrage nach deutschen Autos steigt. Die amerikanischen Importeure müssen die deutschen Autohersteller in Euro bezahlen. Das bedeutet, sie müssen zunächst ihre US-Dollars in Euros wechseln. Das wiederum bedeutet eine erhöhte Nachfrage nach Euros. In Abb. 2.4 entspricht die erhöhte Nachfrage nach dem Euro einer Verschiebung der Nachfragekurve nach rechts; zu jedem gegebenen Wechselkurs zwischen Euro und US-Dollar werden mehr Euros nachgefragt. Wie bei jedem Markt steigt mit wachsender Nachfrage eines Produkts auch der Preis dieses Produkts (ceteris paribus). Im Fall einer Währung steigt ihr Wechselkurs, es kommt zu einer Aufwertung: Im Ausgangsgleichgewicht zahlt man 1,05 $ für 1 EUR, im zweiten Gleichgewicht zahlt man 1,18 $ für 1 EUR (Abb. 2.4).

Zusammengefasst lautet unsere Annahme, dass die Beliebtheit deutscher Autos bei den US-Amerikanern zunimmt. Die Nachfrage nach diesen Autos steigt und so steigt auch die Nachfrage nach dem Euro, um die Deutschen Autoexporteure zu bezahlen. Somit steigt der Wert des Euros im Devisenmarkt gegenüber dem des US$, was eine Aufwertung des Euros bedeutet (Abb. 2.4).

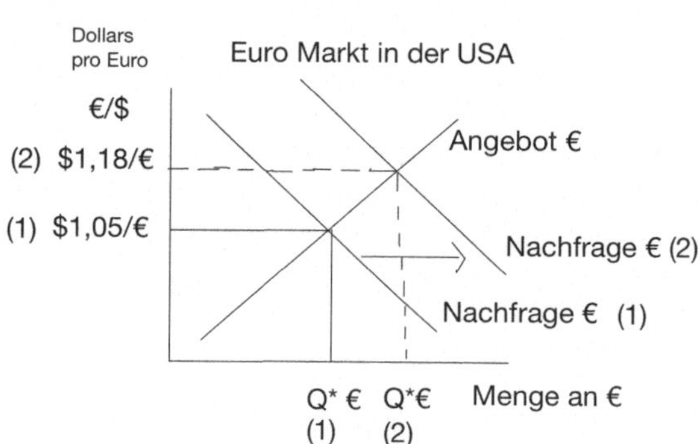

Abb. 2.4 Verschiebung der Nachfragekurve des Euro nach rechts, weil die Amerikaner mehr deutsche Autos kaufen. (Quelle: eigene Darstellung)

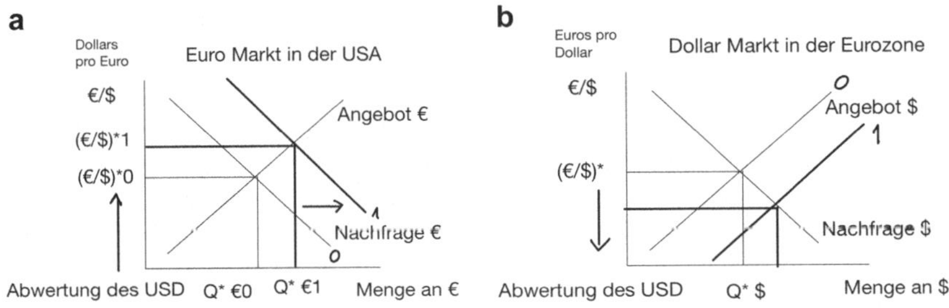

Abb. 2.5 (**a**) Abwertung des USD. (**b**) Aufwertung des USD. (Quelle: eigene Darstellung)

Diese erhöhte Nachfrage nach dem Euro im amerikanischen Markt bringt ein erhöhtes Angebot des US-Dollars im europäischen Markt mit sich (die Amerikaner müssen ja ihre Dollars verkaufen, um Euros zu kaufen). Ein erhöhtes Angebot entspricht einer Verschiebung der Angebotskurve nach rechts. Und wie bei jedem Produkt sinkt der Preis, wenn das Angebot steigt. Einen niedrigeren Wechselkurs des US-Dollars gegenüber dem Euro bedeutet eine Abwertung des US-Dollars. Denn wie wir in Kap. 1 gesehen haben, werden im Devisenmarkt Währungspaare gehandelt, was logischerweise bedeutet: Wenn sich eine Währung aufwertet, dann muss sich die andere abwerten (Abb. 2.5).

2.2   Zinsen

Wenn wir Geld sparen wollen, eröffnen wir ein Sparkonto und bekommen nach einiger Zeit zusätzliches Geld in Form der Zinsen, die die Bank uns zahlt. Wenn wir einen Kredit aufnehmen, achten wir auf die Zinsen, die wir für den Kredit zurückzahlen müssen. In einer globalen Welt berücksichtigen wir dabei nicht nur die Zinsen, die die Banken in unserem Land anbieten, sondern wir vergleichen sie mit denen in anderen Ländern.

Wenn zum Beispiel die Zinsen in Schweden 6 % und in Deutschland nur 2 % betragen, dann ist klar, dass wir Ersparnisse lieber in Schweden als in Deutschland anlegen würden. Als Erstes wären dann, Euro in Schwedische Kronen zu wechseln. Wenn wegen der höheren Zinsen sehr viel Geld nach Schweden fließt, erhöht sich die Nachfrage nach Schwedischen Kronen im Devisenmarkt (das entspricht einer Verschiebung der Nachfragenkurve in Abb. 2.4 nach rechts, nur mit dem Unterschied, dass es sich hier um USD und EUR, nicht um SKR handelt).

Eine höhere Nachfrage nach Schwedischen Kronen bedeutet, ceteris paribus, dass deren Wert gegenüber dem Euro steigen würde, es käme zu einer Aufwertung der Schwedischen Krone: Für einen Euro erhalte ich jetzt weniger Kronen.

Die gleichen Umstände gelten für Kredite. Heutzutage nimmt man Kredite nicht nur im Inland auf, sondern vergleicht diese mit dem Ausland, wo man gegebenenfalls niedrigere Zinsen zahlen muss. Es gibt unzählige Internet-Portale, die binnen Sekunden Zinsen verschiedener Kreditgeber vergleichen. Wenn in der Schweiz die Zinsen für Kredite 1,5 % und in Österreich 3 % betragen, dann werden viele Österreicher ihre Kredite in der Schweiz aufnehmen. So erhöht sich die Nachfrage nach Schweizer Franken (CHF). Entsprechend wird, wie beim Beispiel der Schwedischen Krone, der Schweizer Franken gegenüber dem Euro aufgewertet. Diese Situation haben die Österreicher vor 2015 genutzt, um günstigere Kredite in der Schweiz aufzunehmen, um etwa Immobilien in Österreich zu erwerben. Diese Investition endete jedoch für viele der Kreditnehmer in Schweizer Franken in einer Katastrophe. Am 15. Januar 2015 hob die Schweizerische Nationalbank den Euro-Mindestkurs auf. Der Franken verteuerte sich auf einen Schlag um fast 20 %, was die Rückzahlung des Kredits massiv verteuerte (man brauchte plötzlich mehr Euros, um die Franken zurückzuzahlen; die gekaufte Immobilie war um 20 % teurer geworden!).

Und wer bestimmt die Zinsen? Die Macht, den Zinssatz zu festzusetzen, besitzen die Zentralbanken: für die Eurozone die Europäische Zentralbank (EZB), für England *The Bank of England* (BoE) und für die USA *The Federal Reserve* (FED). Jedes Land verfügt über eine eigene Zentralbank. Der Kampf gegen die Inflation ist ihre Hauptaufgabe und ein Schlüsselinstrument, um die Inflation zu bekämpfen, ist der von der Zentralbank bestimmte Zinssatz.

▶ **Zusammenfassung** Das internationale Zinsendifferential dirigiert, ceteris paribus, die Bewegungen der Wechselkurse. Erhöhte Zinsen bedeuten höhere Rendite für Ersparnisse, aber auch erhöhte Kosten für die Kreditnehmer. Diese beiden Kräfte beeinflussen den Wechselkurs.

2.3 Preisniveau (Inflationsdifferential)

Ein weiterer Faktor, der einen starken Einfluss auf die Wechselkurse ausübt, sind die Preise, oder einfacher gesagt, die Inflation. Wie bereits erwähnt, besteht die Hauptaufgabe der Zentralbanken im Kampf gegen die Inflation. Zu diesem Zweck wird der Zinssatz genutzt, der wiederum den Wechselkurs bewegt.

Nun vergleichen wir das inländische und das ausländische Preisniveau und errechnen daraus das sogenannte Inflationsdifferential. Wenn sich etwa die Preise in den USA stärker als in der Eurozone erhöhen, werden die Europäer weniger amerikanische Produkte und die Amerikaner mehr europäische Produkte kaufen, weil diese günstiger sind unter der Annahme, dass die Inflationsrate in der Eurozone geringer ist als in den USA. Das bedeutet wiederum eine erhöhte Nachfrage nach Euros (also eine Verschiebung der Nachfragekurve des Euros nach rechts und entsprechend eine Aufwertung des Euros gegenüber dem Dollar, siehe Abb. 2.4).

Der Gedankenprozess ist somit immer derselbe: Die Nachfrage (oder das Angebot) erhöht oder verringert sich, was ceteris paribus wiederum bedeutet, dass sich die Nachfragekurve nach rechts (erhöhte Nachfrage) oder nach links (verringerte Nachfrage) verschiebt (das Gleiche gilt für die Angebotskurve).

2.4 Spekulation

Die Spekulanten folgen einer einfachen Philosophie: billig kaufen, teuer verkaufen. Etwas formeller gesprochen bedeutet Spekulation: Das Streben nach Gewinn durch die Ausnutzung von Preisdifferenzen zwischen Einkauf und Verkauf.

Man handelt nicht, um eine Ware zu liefern, sondern weil man erwartet, dass sie teurer wird (man kauft jetzt und verkauft später) oder dass sie billiger wird (man verkauft jetzt und kauft später). Man kann praktisch mit jeder Ware spekulieren – Kunst, Kaffee, Aktien und natürlich Devisen.

Die Spekulation mit Devisen bedeutet den Kauf oder Verkauf einer Währung in der Erwartung, dass ihr Wechselkurs steigt (beim Kaufen) oder sinkt (beim Verkaufen). Wenn der Wechselkurs gestiegen ist, verkauft man die Währung, um den Gewinn einzuholen; bei sinkendem Wechselkurs kauft man die Währung zu einem niedrigeren Preis zurück. Klingt einfach, hat aber schon viele Menschen in den finanziellen Ruin getrieben.

Ein Beispiel
Wir kaufen € 100.000 für $ 1,12, also für $ 112.000, in der Erwartung, dass der EUR steigt. Nach zwei Wochen ist der Wechselkurs $ 1,19 pro EUR. Wir verkaufen unsere EUR und bekommen $ 119.000. Ein Gewinn von $ 7000 oder 6,5 % in zwei Wochen.

Die Spekulanten, speziell die mächtigsten, wie George Soros[2], können durch ihre Interventionen im Devisenmarkt die Wechselkursänderungen bestimmen oder zumindest massiv beeinflussen. Ein einfacher kleiner Anleger, der spekuliert, hat überhaupt keinen Einfluss auf das Geschehen in den Märkten.

In einem hypothetischen Szenario wäre es möglich, dass alle Teilnehmer am Devisenmarkt glauben, der US-Dollar werde an Wert verlieren. Alle würden verkaufen, niemand würde kaufen, und der Wert des US-Dollars würde sinken (ein klassisches Beispiel für massive Spekulation). Folge ist eine Abwertung des US-Dollars, nur weil Spekulanten glaubten, dass der US-Dollar in der Zukunft an Wert verlieren würde. Das Gleiche kann in die andere Richtung geschehen: Wenn etwa alle glauben, dass der Japanische Yen an Wert gewinnen wird, erhöht sich die Nachfrage nach dem Japanischen Yen (JPY) und dieser wertet sich auf.

Spekulative Attacken

Zuweilen kommt es zu direkten Angriffen gegen eine Währung, diese nennt man „spekulative Attacken". Eine der berühmtesten Attacken gegen eine Währung war die gegen das Britische Pfund, durchgeführt von George Soros und anderen mächtigen Spekulanten im Jahr 1992. George Soros glaubte, dass das Britische Pfund (GBP) überbewertet sei und begann massiv GBP zu verkaufen. Viele große Spekulanten folgten ihm. *The Bank of England* versuchte, mit Milliarden-Ankäufen das GBP zu stützen, was ihr aber nicht gelang, das GBP wurde abgewertet. Dann kaufte Soros die GBP zu einem stark reduzierten Preis. Man sagt, dass George Soros bei dieser Operation Milliarden gewonnen hat.

Wie funktioniert eine gezielte spekulative Attacke?

Nehmen wir folgendes Szenario an: Die Währung (namens Lirax) eines Landes (namens Xax) verliert wegen politischer Instabilität an Wert. Die Bewohner des Landes Xax verkaufen ihre Lirax, weil sie Angst vor weiter zunehmender Instabilität haben. Dieser massive Verkauf an Lirax führt zu einer Abwärtsspirale derselben. Die Zentralbank des Landes Xax verkauft ihre internationalen Devisen, sagen wir den US-Dollar, und kauft ihre eigene Währung, ihre Lirax, um künstlich deren Wert zu halten (wie in Kap. 1 gezeigt, sind die Zentralbanken große Mitspieler des Forex und halten Reserven der wichtigsten Währungen). Internationale Spekulanten sehen bei diesem Szenario die Möglichkeit, Gewinn durch Spekulation zu erzielen, indem sie die Zentralbank „verbluten" lassen –

---

[2]US-Großinvestor, in Ungarn geboren, einer der mächtigsten Spekulanten der Geschichte.

etwas formeller: Die Spekulanten verkaufen weitere Lirax, um der Zentralbank die Reserven zur Stützung des Lirax zu entziehen. Die Spekulanten gehen zum Land Xax, nehmen ein Darlehen in Lirax auf und verkaufen diese sofort weiter. So steigt das Angebot an Lirax mit der Folge, dass ihr Wert weiter sinkt und die Zentralbank weiter ihre Reserven ausgeben wird. Nun haben die Spekulanten ihre geliehenen Lirax in US-Dollar getauscht, während die Zentralbank alle ihrer Reserven verbraucht hat und der Wert der Lirax weiter sinkt. Die Spekulanten kaufen jetzt die sehr günstigen Lirax zurück, tilgen ihren noch offenen Kredit und tragen ihren hohen Gewinn ins Ausland. Die Lirax hat massiv an Wert verloren, das Land Xax kann sich keine ausländischen Produkte mehr leisten. Die Unruhe in der Bevölkerung steigt, was wiederum die politische Instabilität erhöht, im Land bricht das Chaos aus und die weitere Abwärtsspirale ist nur noch schwer zu bremsen (z. B. durch einen Militärputsch [üblich in Lateinamerika und Afrika] oder durch eine ausländische militärische Intervention, wie es die USA für die Krise von Venezuela bevorzugt).

Solche gezielten spekulativen Attacken können drastische Konsequenzen für das „Opferland" haben. Durch den massiven Wertverlust der eigenen Währung erhöhen sich die Preise der importierten Produkte stark. Preise von Medikamenten und anderen lebenswichtigen Waren würden dann in die Höhe getrieben. Solche Art von massiver Spekulation kann auch langanhaltende Konsequenzen auf das Bankensystem eines Landes haben. Ist dieses einmal zusammengebrochen, verschärft sich die ökonomische Krise um ein Weiteres.

Darüber hinaus können diese Spekulationen bei flexiblen Wechselkursen, bei denen es im Prinzip keine Intervention der Zentralbank im Devisenmarkt gibt, den internationalen Handel beeinträchtigen: z. B. zu Exportbeschränkung und Importausweitung durch spekulationsbedingte Aufwertungen oder Inflationstendenzen durch spekulationsbedingte Abwertungen führen (so vielleicht im Falle Chinas und der USA im derzeitigen Handelskrieg[3]).

2.5 Nationales Einkommen (BIP)

Das Bruttoinlandsprodukt ist die monetäre Zahl aller Güter und Dienstleistungen, die in einem Jahr in einem Land produziert werden. Nicht nur diejenigen Güter und Dienstleistungen, die im eigenen Land konsumiert oder genutzt werden,

---

[3]Stand Mai 2019.

sondern auch jene, die ins Ausland gehen, also die Exporte. Die Wachstumsrate des BIP sagt uns, ob eine Wirtschaft sich im Aufschwung oder im Abschwung befindet. Die Wachstumsrate einer Wirtschaft hat einen enormen Einfluss auf die Wechselkurse. Wollte man es extrem vereinfachen, dann könnte man den BIP eines Landes mit dem Einkommen einer Person vergleichen (ich wiederhole, eine extreme Vereinfachung, aber didaktisch nützlich). Je höher das Einkommen ist, desto höher ist der Konsum. Möglicherweise kauft man sich auch dann nur *ein* Auto, aber wahrscheinlich wird dieses luxuriöser sein. Und so gilt für eine ganze Volkswirtschaft: Je höher die Wachstumsrate des BIP ist, desto höher sind die Konsumausgaben, nicht nur in Bezug auf nationale Produkte, sondern auch auf ausländische Produkte (Importe), was wiederum eine erhöhte Nachfrage nach ausländischer Währung mit sich bringt (Verschiebung der Nachfragekurve nach ausländische Währung nach rechts. Das bedeutet, ceteris paribus, eine Aufwertung der ausländischen Währung). Einfach dargestellt:

$$\uparrow \text{Wachstumsrate} \Rightarrow \uparrow \text{Konsum} \Rightarrow \uparrow \text{Importe}$$

$$\Rightarrow \uparrow \text{Nachfrage nach ausländische Währung}$$

$$\Rightarrow \text{Aufwertung der ausländischen Währung}$$

▶ **Zusammenfassung** Beim Vergleich der BIP-Wachstumsraten zweier Länder ist zu erwarten, dass der Wert der Währung mit der größeren Wachstumsrate sich gegenüber der Währung des Landes mit der kleineren Wachstumsrate abwertet.

2.6 Politische Faktoren

Wie wir im Zusammenhang mit der Spekulation gesehen haben, hat die politische Instabilität eines Landes enormen Einfluss auf den Wechselkurs. Investoren, nicht nur Spekulanten, verlieren das Vertrauen und verlassen das Land (ihr Kapital zieht sich zurück) oder der Kapitalzufluss wird gedrosselt. Die Währung verliert wegen des Kapitalabflusses weiter an Wert, was wiederum ideale Bedingungen für die Spekulation darstellt mit den Konsequenzen, die wir in Punkt 4 erläutert haben.

Die Rückkehr politischer Stabilität verursacht das Gegenteil: Die Investoren kehren zurück, der Kapitalzufluss erhöht sich und die Währung erholt sich von ihrer Schwäche.

2.7   Entdeckung natürlicher Ressourcen

Wenn ein Land Ressourcen entdeckt, nach denen eine internationale Nachfrage besteht (z. B. Erdöl), wird sich seine Währung aufwerten, da andere Länder diese Währung kaufen werden, um die neu erschlossenen Ressourcen zu bezahlen. Verglichen mit den anderen Faktoren ist die Häufigkeit dieses Faktors und dessen Einfluss auf den Devisenmarkt gering.

Theorien und Modelle zur Erklärung der Wechselkursentwicklungen

3

In diesem Kapitel nehmen wir die Elemente des vorigen Kapitels (Präferenzen, Zinsen, Preise, Spekulation und nationales Einkommen oder Wachstum) wieder auf und erläutern die geläufigsten Theorien und Modelle, welche Wechselkursänderungen zu erklären versuchen. Wir konzentrieren uns auf drei Modelle.

3.1 Zahlungsbilanz und Wechselkurse

In Kap. 2 haben wir über Präferenzen, Preise und Zinsen gesprochen. Jetzt wollen wir diese Faktoren kombinieren, um das Modell der Zahlungsbilanz eines Landes im Kontext der Wechselkurse zu erklären.[1]

Die Zahlungsbilanz *(Balance of Payments)* gibt Auskunft über alle Zahlungen, die zwischen einem Land und dem Rest der Welt innerhalb eines bestimmten Zeitraums stattfinden. Die Zahlungsbilanz setzt sich aus zwei Komponenten zusammen: Leistungsbilanz und Kapitalbilanz.

$$\text{Zahlungsbilanz} = \text{Leistungsbilanz} + \text{Kapitalbilanz} \qquad (3.1)$$

▶ **Die Leistungsbilanz *(Current Account)*** beinhaltet die international wirtschaftlichen Transaktionen von Gütern und Dienstleistungen, also von Exporten und Importen eines Landes.

---

[1]Diese Schrift befasst sich mit dem Devisenmarkt, einem Teil der Makroökonomie. Da es sich vorliegend um ein *essential* handelt, beschränken sich die Definitionen auf Aussagen in ihren wesentlichen Zügen, ohne auf komplexere Details einzugehen.

© Springer Fachmedien Wiesbaden GmbH, ein Teil von Springer Nature 2019
P. Peyrolón, *Einführung in den Devisenmarkt Forex,* essentials,
https://doi.org/10.1007/978-3-658-27634-8_3

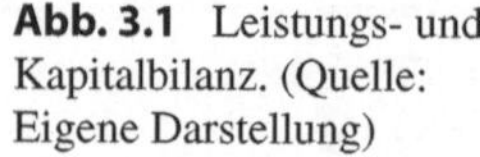

Abb. 3.1 Leistungs- und Kapitalbilanz. (Quelle: Eigene Darstellung)

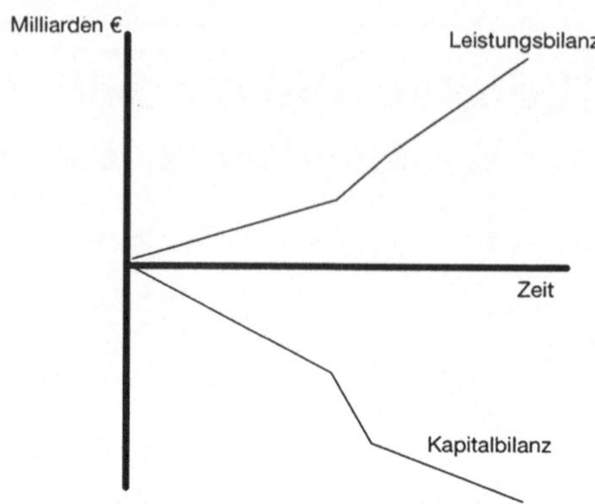

▶ **Die Kapitalbilanz *(Capital Account)*** beinhaltet die internationalen Finanzströme eines Landes. Das sind Portfolioinvestitionen, Direktinvestitionen und Rücküberweisungen von Migranten.

Die grafische Darstellung der Leistungs- und Kapitalbilanz findet sich in Abb. 3.1.

Wie Abb. 3.1 zeigt, verlaufen die Leistungsbilanz- und die Kapitalbilanzkurve in entgegengesetzter Richtung. Das muss auch so sein, denn per Definition ergibt die Leistungsbilanz plus die Kapitalbilanz einen Wert von null:

$$LB + KB = 0 \qquad (3.2)$$

Um es einfach zu erklären: Wir alle haben Einnahmen und Ausgabe. Alles, was wir verbrauchen, muss bezahlt werden, also müssen unsere Ausgaben plus unsere Einnahmen gleich null sein (nicht zu vergessen, dass die Ausgaben negativ sind)[2]; also:

$$\text{Einahmen} - \text{Ausgaben} = 0 \qquad (3.3)$$

Das Gleiche gilt für eine Volkswirtschaft: Die Ausgaben müssen den Einnahmen entsprechen. Wenn ein Land mehr konsumiert, als es produziert, dann muss es die zusätzlichen Artikel des Konsums, die nicht im Lande produziert werden, importieren. Da in dieser Situation die Exporte kleiner sind als die Importe,

---

[2]Die Ersparnisse sind eine Geldausgabe, da auch sie eine Nutzung von Einkommen darstellen.

spricht man von einem Leistungsbilanzdefizit. Dieses Defizit muss aus dem Ausland finanziert werden, d. h. mit einem Kapitalüberschuss (es ist, als würden wir für unsere Konsumausgaben, die unsere Einnahmen überschreiten, einen Kredit aufnehmen). So können wir verallgemeinern:

Leistungsbilanzsuperavit = Kapitalbilanzdefizit

$$\text{Exporte} > \text{Importe} \quad \text{Investitionen im Ausland} < \text{Investitionen aus dem Ausland} \quad (3.4)$$

Leistungsbilandefizit = Kapitalbilanzsuperavit

$$\text{Exporte} < \text{Importe} \quad \text{Investitionen im Ausland} > \text{Investitionen aus dem Ausland} \quad (3.5)$$

Und was hat das alles mit den Wechselkursen zu tun?
Die Wechselkurse haben einen Einfluss auf die Leistungsbilanz (Handelsströme) und die Leistungsbilanz hat einen Einfluss auf die Wechselkurse (also besteht eine Rückwirkung).

Ein einfaches Beispiel soll dies verdeutlichen: Nehmen wir an, dass die Exporte von Mexiko stark wachsen. Die Länder, die mexikanischen Produkte importieren, müssen mexikanische Pesos kaufen, um die Exporteure aus Mexiko zu bezahlen. Das bedeutet, dass die Nachfrage nach mexikanischen Pesos bei gleichem Angebot steigt. Eine höhere Nachfrage erhöht den Wert des Pesos, die Exporte von Mexiko werden allmählich teurer und die anderen Länder kaufen weniger mexikanische Produkte[3]. Die Importe aus Mexiko werden günstiger, weil der Wert des Pesos steigt (Aufwertung des Pesos). Da die Exporte sinken, sinkt auch die Nachfrage nach Pesos, was wiederum bedeutet, dass der Wert des Pesos sinkt (Abwertung des Pesos). So ergibt sich eine Wechselwirkung zwischen der Leistungsbilanz und dem Wechselkurs.

Was bedeutet das für Investitionen oder Spekulationen mit Devisen?
Sollten die Exporte eines Landes wachsen, dann ist eine Aufwertung der Währung dieses Landes zu erwarten (kurzfristig!). Sollten die Exporte eines Landes schrumpfen, dann ist eine Abwertung der Währung dieses Landes zu erwarten (kurzfristig!). Daher sind die Veröffentlichungen der Leistungs- und Kapitalbilanz eines Landes ein regelrechter Katalysator im Devisenmarkt.

---

[3]Das Gleiche gilt, wenn man davon ausgeht, dass die Importeure die eigene Währung verkaufen (Angebot) und die Exporteure die eigene Währung kaufen (Nachfrage).

Wie entsteht das Gleichgewicht, damit Gl. 3.1 gültig ist?

Nehmen wir an, die amerikanischen Investoren sind hinsichtlich der Börsen in der Eurozone optimistisch und investieren mehr, z. B. in europäische Aktien. Um Aktien an der Börse von Madrid zu erwerben, müssen sie Euros kaufen. Da die US-Amerikaner jetzt also Aktien in der Eurozone kaufen, entspricht dies einem Kapitalzufluss in die Eurozone, die Kapitalbilanz erhöht sich. Aber die neue Präferenz in Bezug auf europäische Investitionen bedeutet eine Erhöhung der Nachfrage nach Euros. Das wiederum führt zu einer Aufwertung des Euros, was die Exporte aus Europa für die US-Amerikaner nicht mehr so attraktiv macht, woraus ein Minus in der Leistungsbilanz resultiert. Der Anstieg der Kapitalbilanz (Überschuss) entspricht dem Abfallen der Leistungsbilanz (Defizit). Der Wechselkurs hat die Zahlungsbilanz ins Gleichgewicht gebracht.

▶ **Zusammenfassung** Die Zahlungsbilanz informiert über die Einnahmen und Ausgaben eines Landes. Per Definition ist die Summe der Leistungs- und Kapitalbilanz gleich null. Das Gleichgewicht wird erreicht dank der Wechselkursveränderungen, die wiederum von der Zahlungsbilanz beeinflusst werden.

3.2 Kaufkraftparität und Wechselkurse

Die Kaufkraftparitätentheorie[4] nutzt den Zusammenhang zwischen inländischen und ausländischen Preisniveaus, um die langfristigen Bewegungen der Wechselkurse zu erklären. Zuerst muss man definieren, was Kaufkraft bedeutet:

- Die Kaufkraft einer Währung bezeichnet die Waren- und Dienstleistungsmengen, die mit einem bestimmten Betrag gekauft werden können.
- Die Kaufkraftparitätentheorie besagt, dass die Kaufkraft einer Währung überall auf der Welt gleich sein muss. Wenn dem nicht so ist, wird sich der Wechselkurs langfristig so verändern, bis man die Kaufkraftparität erreicht.

Ein klärendes Beispiel

Ein iPad ist überall auf der Welt gleich. Nehmen wir an, dass dieses iPad in Wien € 500 und in Miami $ 250 kostet. Logischerweise wäre dann anzunehmen, dass die € 500 (iPad in Wien) gleich viel wert sind wie die $ 250 (iPad in Miami), somit betrüge der Wechselkurs

---

[4]Parität kommt aus dem lateinischen *paritas,* was „Gleichheit" bedeutet.

€ 2 pro $ 1 (was das Gleiche ist wie $ 0,5 pro € 1). Die Parität kommt zustande, weil wir mit € 500 bei dem gegebenen Wechselkurs das Gleiche in der Eurozone und in den USA kaufen können. Wäre der Wechselkurs z. B. € 2,5 pro $ 1, könnte man mit den € 500 nur 80 % eines iPads in Miami kaufen, da man nur $ 200 zur Verfügung hätte. Die Kaufkraftparität wäre nicht gegeben. Die Kaufkraftparitätentheorie besagt, dass der Wechselkurs sich so verändern wird, dass die Kaufkraftparität wieder gilt, also dass der Kurs wieder zu € 2 pro $ 1 zurückkehrt.

Theoretisch funktioniert die Kaufkraftparität, weil Arbitrage das Gleichgewicht herstellt.

Was bedeutet Arbitrage in diesem Zusammenhang?
Beginnen wir wieder mit einem klärenden Beispiel: Nehmen wir an, dass der Preis für eine gute Marke Wodka in Bratislava deutlich günstiger als in Wien ist. Bratislava und Wien sind nur 70 km voneinander entfernt. Die Arbitrageure würden den Wodka in Bratislava kaufen, nach Wien fahren, um ihn dort teurer zu verkaufen und so einen Gewinn zu erzielen. Dieser Profit lockt neue Arbitrageure, das Gleiche zu tun. Die Nachfrage nach Wodka in Bratislava steigt. Und wenn die Nachfrage nach einem Produkt steigt, dann steigt auch der Preis. Da jetzt mehr Arbitrageure in Wien Wodka verkaufen, steigt das Angebot. Und wenn das Angebot an einem Produkt steigt, dann sinkt der Preis. Zusammengefasst: in Bratislava steigt der Preis des Wodka, weil mehr Arbitrageure schnellen Profit machen wollen, in Wien sinkt der Preis des Wodka, weil ein zu großes Angebot besteht. Bis wann geht das so weiter? Bis es sich nicht mehr lohnt, nach Bratislava zu fahren, um Wodka zu kaufen und diesen in Wien zu verkaufen, also bis die Preise einer Flasche Wodka in Bratislava und in Wien gleich sind. Die Aktivität der Arbitrageure hat die Preise in Bratislava und Wien gleichgestellt.

Wenn wir jetzt, statt an den Preis von Wodka, an die Wechselkurse denken, was besagt dann die Theorie der Kaufkraftparität? Wechselkurse sollten sich langfristig so anpassen, dass in den verschiedenen Ländern die gleiche Menge an Waren und Dienstleistungen zum gleichen Geldbetrag gekauft werden kann.

Die Kaufkraftparität hat verschiedene Schwächen, dennoch wird sie genutzt um zumindest die Richtung von Wechselkursänderungen zu prognostizieren. Unter den Schwächen ist eine offensichtlich: Die Kaufkraftparitätentheorie setzt voraus, dass es absoluten internationalen Freihandel gibt und dass keine Transportkosten anfallen. Andere Schwächen sind die verschiedene Besteuerung in den jeweiligen Ländern. Und viele Dienstleistungen lassen sich überhaupt nicht exportieren, wie z. B. Haareschneiden.

3.3   Zinsparitätentheorie[5]

Die Zinsniveaus sind nicht überall gleich, z. B. beträgt der Zinssatz in Russland 7,25 %, in Japan 0 %, in Großbritannien 0,75 %, in der Türkei 24 % und in der Mongolei 15 %[6]. Die Zinsparitätentheorie beschreibt den Zusammenhang zwischen den Wechselkursen zweier Währungen und den Ertragsraten in- und ausländischer Investitionen.

> ▶ Den Begriff der Zinsparität können wir mit dem der Kaufkraftparität vergleichen, aber statt von Preisen sprechen wir von Zinsen. So besagt die Zinsparitätentheorie, dass die Rendite für eine Kapitalanlage in inländischer oder ausländischer Währung gleich sein sollte. Dies erfolgt unter der Bedingung, dass die Wechselkursentwicklung der Währungen, in die man investiert, berücksichtigt wird.

Die Investitionen werden durch die entsprechenden Zinsen, die man erhält, verglichen. Und wenn die Zinsparitätentheorie gilt, dann wird der Investor gegenüber einer Investition im Inland oder im Ausland indifferent sein.

Zum Beispiel
Wenn die Rendite für Wertpapiere in den USA 4 % und in Mexiko nur 3 % beträgt, werden Investoren ihr Geld in den USA investieren wollen, weil sie dort eine höhere Rendite bekommen. Dann ergeben sich gleichzeitig zwei Situationen:

1. Da alle Investoren in den USA investieren wollen, müssen sie über USD verfügen, d. h., die Nachfrage nach USD steigt. Eine Verschiebung der Nachfragenkurve nach rechts bedeutet eine Aufwertung des USD. Der USD wird teurer und somit werden die Investitionen in den USA weniger interessant.
2. Durch Kapitalangebot und -nachfrage werden sich die Renditen einander annähern (da die Investoren keine mexikanischen Wertpapiere nachfragen, wird sich die Rendite in Mexiko langsam erhöhen, um Kapital anzulocken. Da in den USA eine hohe Nachfrage besteht, wird die Rendite sinken.)

Die Kombination beider Situationen: Die Aufwertung des USD und die Annäherung der Wertpapier-Rendite Mexikos und der USA, ergibt, laut Zinsparitätentheorie, die Gleichgewichtssituation, in der die Investoren indifferent sind gegenüber einer Investition in

---

[5]Wir nehmen die Leitzinsen als Referenz. Diese geben an, unter welchen Bedingungen sich Kreditinstitute bei Zentralbanken Geld leihen können.
[6]Weltbank, Stand Juni 2019.

Mexiko oder in den USA. Die Suche der Anleger nach den besten Renditen ist die Ursache für die Veränderung der Wechselkurse.

▶ **Zusammenfassung** Gemäß der Zinsparitätentheorie werden Zinsunterschiede in verschiedenen Ländern durch Anpassungen im Wechselkurs ausgeglichen.

Diese Theorie legt „strenge" Annahmen zugrunde, gleichwohl können wir sie anwenden, um den Zusammenhang von Wechselkursveränderungen und Zinsen besser zu verstehen und die Richtung der Wechselkursentwicklung zu prognostizieren. Die strengen Voraussetzungen sind:

- In- und ausländische Kapitalanlagen sind vollkommene Substitute.
- Es existieren keine Kapitalverkehrskontrollen.
- Marktteilnehmer haben gleiche Erwartungen hinsichtlich der Wechselkursentwicklung und sind risikoneutral.

Der Anleger hat zwei Optionen in Bezug auf die Zinsen und die Wechselkursveränderungen:

1. Ungedeckte Zinsparität (Investition)
2. Gedeckte Zinsparität (Investition)

1. Ungedeckte Zinsparität
Es ist festzuhalten: Wenn eine Investition ungedeckt ist, dann ist sie externen Faktoren ausgesetzt. Und so sind ungedeckte Zinsparität-Investitionen einem hohen Risiko ausgesetzt. Der Investor lässt seine Investition offen und spekuliert auf eine Entwicklung des Wechselkurses, mit der er eine höhere Rendite erzielt. Er nimmt also ein Wechselkursrisiko in Kauf, weil er auf einen positiven Renditeeffekt aus dem Wechselkurs wettet. Diese Art von Renditeneffekten nennt man auch Währungsarbitrage (siehe oben das Beispiel „Wodka aus Bratislava").

2. Gedeckte Zinsparität
Bei einer gedeckten Zinsparität-Investition schließt der Anleger einen „Vertrag", um sich einen bestimmten Wechselkurs für die Zukunft zu sichern, und annulliert so das Wechselkursrisiko. Dies geschieht mit einem sogenannten *Forward Contract* (Terminkursgeschäft; Kap. 1, Definition von Terminkurs)[7].

---

[7]Es gibt andere komplexere Finanzinstrumente, wie „Swaps".

▶ **Was ist ein *Forward Contract?*** Ein „Forward Contract" ist ein Mechanismus, mit dem man den Wert einer Währung gegenüber einer anderen für eine Transaktion, die in der Zukunft stattfinden wird, heute festsetzen kann. Er ist ein Schutz gegen Wechselkursrisiken, der nicht nur von Investoren, sondern auch von Exporteuren und Importeuren genutzt wird.

Was in einem „Forward Contract" steht:

1. Die Parteien, die den Vertrag unterschreiben (z. B. eine Bank und der Exporteur)
2. Die Menge an Fremdwährung, die im vereinbarten Zeitpunkt ausgetauscht wird
3. Der Wechselkurs, der für den vereinbarten Zeitpunkt fixiert wird
4. Der Zeitpunkt der Zahlung.

Der Forex ist faszinierend. Ökonomie, internationale Finanzen und Psychologie mischen sich darin 24 h und 5 Tage in der Woche. Für einige bedeutet er Ruin, für andere Ruhm, und für Wissenschaftler ist er ein unerschöpfliches Forschungsobjekt. Ich hoffe, die Lektüre dieses Buches hat Sie nicht in den Wahnsinn getrieben (Kap. 1).

(Näheres über die Mathematik des Forex finden Sie unter www.pi2infinity. com).

© Springer Fachmedien Wiesbaden GmbH, ein Teil von Springer Nature 2019   33
P. Peyrolón, *Einführung in den Devisenmarkt Forex,* essentials,
https://doi.org/10.1007/978-3-658-27634-8_4

Was Sie aus diesem *essential* mitnehmen können

- Die Funktionsweise von Spekulation
- Die Wechselwirkung zwischen Zahlungsbilanz und Wechselkurse
- Der Einfluss des Devisenmarkts auf die Handelsströme
- Die Kaufparitäten- und Zinsparitätentheorie
- Graphische Darstellung des Wechselkursgleichgewichts

© Springer Fachmedien Wiesbaden GmbH, ein Teil von Springer Nature 2019
P. Peyrolón, *Einführung in den Devisenmarkt Forex,* essentials,
https://doi.org/10.1007/978-3-658-27634-8

Weiterführende Literatur

Farmer, K., & Vlk, T. (2008). *Internationale Ökonomie*. Wien: LIT.

Hoppen, D. (2014). *Internationale Wirtschaft: Theorie und Praxis der internationalen Wirtschaftsbeziehungen*. Stuttgart: Kohlhammer.

Krugman, P., & Wells, R. (2017). *Essentials of economics* (4. Aufl.). New York: Worth Publishers.

Melvin, M., & Norrbin, S. (2017). *International money and finance* (9. Aufl.). London: Academic Press.

Pilbeam, K., & Beckmann, J. (2017). *Internationale Wirtschaft, Wechselkurse, Zahlungsbilanz und Währungssystem*. Stuttgart: Schäffer-Poeschel.

© Springer Fachmedien Wiesbaden GmbH, ein Teil von Springer Nature 2019   37
P. Peyrolón, *Einführung in den Devisenmarkt Forex*, essentials,
https://doi.org/10.1007/978-3-658-27634-8